BEI GRIN MACHT SICH IHR WISSEN BEZAHLT

AF151442

- Wir veröffentlichen Ihre Hausarbeit,
  Bachelor- und Masterarbeit

- Ihr eigenes eBook und Buch -
  weltweit in allen wichtigen Shops

- Verdienen Sie an jedem Verkauf

Jetzt bei www.GRIN.com hochladen und kostenlos publizieren

Björn Ebert

Aus der Reihe: e-fellows.net stipendiaten-wissen

e-fellows.net (Hrsg.)

Band 818

Position des Auflassungsempfängers. Anwartschafts-recht und guter Glaube

GRIN Verlag

Bibliografische Information der Deutschen Nationalbibliothek:

Die Deutsche Bibliothek verzeichnet diese Publikation in der Deutschen National-
bibliografie; detaillierte bibliografische Daten sind im Internet über http://dnb.d-
nb.de/ abrufbar.

Impressum:

Copyright © 2013 GRIN Verlag GmbH
Druck und Bindung: Books on Demand GmbH, Norderstedt Germany
ISBN: 978-3-656-57567-2

Dieses Buch bei GRIN:

http://www.grin.com/de/e-book/262243/position-des-auflassungsempfaengers-
anwartschaftsrecht-und-guter-glaube

GRIN - Your knowledge has value

Der GRIN Verlag publiziert seit 1998 wissenschaftliche Arbeiten von Studenten, Hochschullehrern und anderen Akademikern als eBook und gedrucktes Buch. Die Verlagswebsite www.grin.com ist die ideale Plattform zur Veröffentlichung von Hausarbeiten, Abschlussarbeiten, wissenschaftlichen Aufsätzen, Dissertationen und Fachbüchern.

Besuchen Sie uns im Internet:

http://www.grin.com/

http://www.facebook.com/grincom

http://www.twitter.com/grin_com

Position des Auflassungsempfängers – Anwartschaft und guter Glaube[*]

Cand. iur. Björn Ebert

Dieser Beitrag widmet sich dem von der h.M. anerkannten Anwartschaftsrecht des Auflassungsempfängers und geht der Frage nach, ob das Zitat „Die Lehre vom Anwartschaftsrecht des Auflassungsempfängers zeigt derzeit weithin, wie man (relativ) Einfaches umständlich machen kann"[1] zutrifft. Hierzu wird Entstehen und Rechtsnatur der Anwartschaftsrechte des Auflassungsempfängers und des Vorbehaltsverkäufers dargestellt und anschließend hinsichtlich des gutgläubigen Erwerbs verglichen.

A. Das Anwartschaftsrechts des Vorbehaltskäufers

I. Entstehen

Von einem Anwartschaftsrecht spricht man im Allgemeinen, wenn der Erwerber eine rechtlich gesicherte Erwerbsposition gerade des Vollrechts innehat, die mehr ist als eine bloße Erwerbsaussicht. Dem Vorbehaltskäufer vermitteln §§ 161 f. BGB einen gewissen Schutz vor Zwischenverfügungen des Vorbehaltsverkäufers. Voraussetzung dafür ist eine bedingte Übereignung des Vorbehaltsverkäufers an den Vorbehaltskäufer. Diese bedingte Übereignung ist nach der Auslegungsregel des § 449 Abs. 1 BGB in der Regel eine aufschiebend bedingte Übereignung. Zwar wird der Schutz des Vorbehaltskäufers über die in § 161 Abs. 3 BGB erklärte entsprechende Anwendbarkeit der §§ 932 ff. BGB abgeschwächt, doch entsteht das Anwartschaftsrecht nach allgemeiner Auffassung bereits mit Vornahme der bedingten Übereignung.[2]

II. Rechtsnatur

Regelmäßig wird das Anwartschaftsrecht des Vorbehaltskäufers als dingliches Recht bezeichnet. Begründet wird dies damit, dass das Anwartschaftsrecht ein wesengleiches Minus im Vergleich zum Vollrecht – des Eigentums – darstelle, es also kein aliud dazu sei.[3] Mithin eine Vorwirkung des Vollrechts darstelle und so dessen Rechtsnatur teile. Richtig daran ist zunächst, dass das Anwartschaftsrecht (wie ein dingliches Recht) sicher subjektives Recht ist.[4] Ob aus dem Schutz, den die §§ 161 f. BGB gewähren eine Erstarkung zum Vollrecht folgt, erscheint indes zweifelhaft. Inzwischen hat das Anwartschaftsrecht nicht zu vernachlässigende wirtschaftliche Bedeutung erlangt.[5] Daher wird man H.P. Westermann zustimmen müssen, der jedenfalls eine Analogie zu anerkannten dinglichen Rechten befürwortet, dabei aber zutreffend darauf hinweist, die Bindung des Anwartschaftsrecht an die schuldrechtliche Grundlage nicht zu vernachlässigen.[6] Folglich geht es darum an den Schutz der §§ 161 f. BGB anzuknüpfen und diesen (behutsam) fortzuentwickeln.[7] Insofern wird man der h.M. auch darin zustimmen können, dass der Schutz des Anwartschaftsrechts über § 936 Abs. 3 BGB über den der §§ 161 f. BGB hinaus erweitert wird.[8]

---

[*] Der Autor ist Student der Rechtswissenschaften an der Eberhard Karls Universität Tübingen und studentischer Mitarbeiter der Insolvenzverwalterkanzlei Rüdisühli mit Sitz in Stuttgart.
[1] *Medicus*, DNotZ 1990, 275 (289).
[2] Vgl. *Habersack*, Examensrepititorium Sachrecht, Rn. 241; *BGHZ* 125, 334, 338 f.
[3] *BGHZ* 28, 16, 21; 35, 85, 89.
[4] MüKo/Westermann, § 449 Rn. 42.
[5] *Habersack*, a.a.O., Rn. 230 f..
[6] MüKo/Westermann, § 449 Rn. 41.
[7] Ebenso *Medicus/Petersen*, Bürgerliches Recht, Rn. 487; *Habersack*, a.a.O., Rn. 243.
[8] Vgl. nur ; *Prütting*, Sachrecht, Rn. 395 .

1

B. Anwartschaftsrecht des Auflassungsempfängers

I. Entstehen

Ausgehend von den obigen Ausführungen kann ein Anwartschaftsrecht des Auflassungsempfängers nur angenommen werden, wenn der Erwerber des Grundstücks eine gesicherte Rechtsposition erlangt hat. Wann dies der Fall ist, ist allerdings strittig.

Nach h.M. erlangt der Erwerber eines Grundstücks eine gesicherte Rechtsposition mit bindender Einigung (§ 873 Abs. 2 BGB), Auflassung (§ 925 BGB) und Eintragungsantrag des Erwerbers (§§ 13, 14 GBO), wobei Auflassung und Eintragungsantrag durch eine Vormerkung zugunsten des Erwerbers ersetzt werden können.[9] Für die h.m. spricht insbesondere, dass aufgrund der Regelung des § 31 GBO die Rechtsposition des Erwerbers nicht mehr einseitig durch den Veräußerer zerstört werden kann. Darüber hinaus wird der Schutz des Erwerbers durch den Prioritätsgrundsatz des § 17 GBO erweitert. Hierdurch braucht der Erwerber im praktischen Regelfall Zwischenverfügungen des Veräußerers nicht zu befürchten.[10]

Bereits hier zeigt sich schon, dass der Ansicht, die lediglich eine bindende Einigung zum Erwerb des Anwartschaftsrechts ausreichen lässt,[11] nicht gefolgt werden kann. Der Schutz vor Zwischenverfügungen ergibt sich nicht aus der bindenden Einigung, sondern aus dem formellen Grundsstücksrecht, also aus den §§ 17, 31 GBO. Ein Vergleich zum Vorbehaltskäufer zeigt, dass dieser Schutz (dort vermittelt durch §§ 161 f. BGB) Grundvoraussetzung und Ausgangspunkt der Anerkennung des Anwartschaftsrechts ist.

Andere hingegen bejahen ein Anwartschaftsrecht nur bei bindender Einigung und Eintragung einer Vormerkung. Teilweise wird sogar das Stellen des Eintragungsantrags der Vormerkung durch den Erwerber für ausreichend erachtet.[12] Beide Ansichten gelangen über § 883 Abs. 2 BGB bzw. §§ 17, 31 GBO bei bloßem Eintragungsantrag der Vormerkung ebenfalls zu einem Schutz zu Zwischenverfügungen. Soweit dabei aber auf § 883 Abs. 2 BGB abgestellt wird, wird verkannt, dass sich diese Wirkungen allein aus der Vormerkung ergeben, eine bindende Einigung iSd § 873 Abs. 2 BGB folglich nicht erforderlich ist.

Ob der Schutz, den die §§ 17, 31 GBO vermitteln – auf den sich auch die h.M. beruft – ausreichend ist, wird durch eine Ansicht, die das Anwartschaftsrecht vollständig ablehnt, indes bezweifelt.[13] §§ 17, 31 GBO stellen Vorschriften des formellen Grundstückrechts dar, deren Nichtbeachten keinen Einfluss auf die materielle Rechtslage hat. Bezüglich § 17 GBO gilt daher grundsätzlich § 879 BGB, wobei durch Voreintragung des Dritten der Erwerber bereits wegen § 39 GBO nicht mehr eingetragen werden kann. Bei § 31 GBO ist zwar richtig, dass der Veräußerer den Eintragungsantrag nicht mehr zurücknehmen kann und so die Eintragung des Erwerbers nicht verhindern kann. Doch besteht unabhängig davon die Möglichkeit der Zurückweisung des Antrags nach § 18 GBO. Beides zeigt, dass der Schutz den die Verfahrensvorschriften vermitteln aufgrund Verfahrensfehlern oder formellen

---

[9] *BGHZ* 45, 186, 190 f.; 83, 395, 399; *Jauring*, BGB § 925 Rn. 18.
[10] Dies ebenfalls anerkennend *Habersack*, a.a.O. (Fn. 2), Rn. 296.
[11] *Reinicke/Tiedtke*, NJW 1982, 2281, 2282 ff.
[12] Vgl. Palandt/Bassenge, § 925 Rn. 25.
[13] *Habersack*, JuS 2000, 1145; im Ergebnis ebenso *Medicus/Petersen*, a.a.O., Rn.469

Gründen leer laufen kann und ein eventuelles Anwartschaftsrecht erlöschen müsste. Daher spricht vieles dafür, das Anwartschaftsrecht des Auflassungsempfängers abzulehnen.[14]

II. Rechtsnatur

Soweit die h.M. das Anwartschaftsrecht des Auflassungsempfängers bzw. des Vormerkungsinhabers anerkennt, so spricht sie ihm auch dingliche Wirkungen zu. Insbesondere soll das Anwartschaftsrecht durch die §§ 832 Abs. 1 und 2, 985, 1004 BGB geschützt werden.[15]

Soweit das Anwartschaftsrecht abgelehnt wird, so kann ein Schutz des Erwerbers nur aufgrund einer Vormerkung erreicht werden. Dabei ist zu beachten, dass sich dieser Schutz nur aus und aufgrund der Vormerkung sowie aus der ihr folgenden Verdinglichung des gesicherten Anspruchs ergibt.[16] Ein Schutz der Vormerkung durch § 823 BGB wird jedoch weitgehend abgelehnt. In Betracht kommen daher nur die §§ 987 ff. BGB analog.[17]

C. Gutgläubiger Erwerb

Im Folgenden ist obiges Zitat nunmehr im Hinblick auf den gutgläubigen Erwerb zu überprüfen. Besonders interessant wird dabei sein, inwiefern der Inhaber eines Anwartschaftsrechts noch das Vollrecht erwerben kann, obwohl er zwischenzeitlich, d.h. nach gutgläubigem Erwerb des Anwartschaftsrechts aber vor Erwerb des Vollrechts bösgläubig geworden ist.

I. Gutgläubiger Ersterwerb des Anwartschaftsrechts

1. Anwartschaftsrecht des Vorbehaltskäufers

Der Erwerber einer beweglichen Sache kann das Eigentum an dieser nach den §§ 932 ff. BGB gutgläubig erwerben. Voraussetzung des Entstehens des Anwartschaftsrechts ist, wie oben gezeigt, die bedingte Übereignung des Vorbehaltsverkäufers an den Vorbehaltskäufer. Infolgedessen erwirbt der Vorbehaltskäufer das Anwartschaftsrecht nach den §§ 929 ff. BGB, also entsprechend den Regeln über den Erwerb des Vollrechts.

Ist nun aber der Vorbehaltsverkäufer nicht Berechtigter, so kommt ein originärer Erwerb des Vollrechts nur nach den §§ 932 ff. BGB in Betracht. Aufgrund der dargestellten Parallelen kann der Vorbehaltskäufer auch ein Anwartschaftsrecht entsprechend den §§ 932 ff. BGB erwerben.[18] Es kommt folglich darauf an, dass sich Vorbehaltsverkäufer und Vorbehaltskäufer bedingt einigen, die Übergabe oder ein Übergabesurrogat vorgenommen wird und der Vorbehaltskäufer im Hinblick auf die Berechtigung des Vorbehaltsverkäufers gutgläubig ist.

2. Anwartschaftsrecht des Auflassungsempfängers

Bejaht man mit der oben dargestellten h.M. ein Anwartschaftsrecht, so müssen die obigen Voraussetzungen erfüllt werden. Zu beachten bleibt dabei, dass auch § 873 Abs. 1 BGB die

---

[14] Dazu, dass das Anwartschaftsrecht des Auflassungsempfängers im Übrigen auch nicht erforderlich ist: *Habersack*, JuS 2000, 1145.

[15] *BGHZ* 114, 161, 163 ff. m.w.N.

[16] *Habersack*, JuS 2000, 1145; *Medicus/Petersen*, a.a.O., Rn. 469.

[17] *Habersack*, a.a.O. (Fn. 2), Rn. 310.

[18] *Prütting*, a.a.O., Rn. 393.

Einigung mit dem Berechtigten voraussetzt. Wie das Vollrecht kann auch das Anwartschaftsrecht dabei vom Bucheigentümer erworben werden. Die Gutgläubigkeit beurteilt sich dann nach § 892 BGB.[19]

Insoweit besteht also zur Rechtslage beim Anwartschaftsrecht des Vorbehaltskäufers kein Unterschied. Das eingangs genannte Zitat scheint (zumindest für diesen Aspekt) nicht zuzutreffen.

II. Erwerb des Vollrechts trotz zwischenzeitlicher Bösgläubigkeit

Zu untersuchen bleibt, ob dieser Befund bezüglich des Erwerbs des Vollrechts nach gutgläubigen Erwerbs des Anwartschaftsrechts aber zwischenzeitlichem Eintritt der Bösgläubigkeit noch haltbar ist. Dem soll im Folgenden nachgegangen werden. Hierzu ein Beispiel:

Fall 1
V hatte E eine wertvolle Vase zur Sicherheit übereignet. Nach Eintritt des Sicherungsfalls veräußert V dem K die Vase unter Eigentumsvorbehalt. Nach Übergabe der Sache und Zahlung des hälftigen Kaufpreises erfährt K, dass die Vase in Wirklichkeit dem E gehört. Dieser verlangt von K nach § 985 BGB Herausgabe der Vase, bevor dieser den restlichen Kaufpreis bezahlt hatte. Zu Recht? *Variante*: E verlangt Herausgabe erst nachdem K den vollständigen Kaufpreis bezahlt hatte.

Fall 2
Bucheigentümer V veräußert ein dem E gehörenden Grundstück an K. Nachdem V und K die Auflassung erklärt hatten und K den Eintragungsantrag gestellt hatte, erfährt K, dass das Grundstück in Wahrheit dem E gehört. K wurde dennoch ins Grundbuch eingetragen. Wurde K Eigentümer? *Variante*: Noch bevor K als Eigentümer eingetragen wurde, trug das Grundbuch einen Widerspruch des E ein, weil entweder ein vorheriger Antrag des E einzutragen war, oder das Grundbuch entgegen § 17 GBO den Widerspruch zuerst eingetragen hatte.

1. Fall 1: Rechtslage beim Anwartschaftsrecht des Vorbehaltskäufers

a) Ausgangsfall: Der Anspruch des E wäre begründet, wenn E Eigentümer und K Besitzer ist und dieser kein Recht zum Besitz hatte, §§ 985, 986 BGB. K ist unzweifelhaft Besitzer. Ursprünglich war V Eigentümer. Dieser hatte das Eigentum nach §§ 929, 931 BGB an E übertragen. E wurde daher Eigentümer. Er könnte sein Eigentum aber durch Übereignung des (nunmehr nichtberechtigten) V an K wieder verloren haben. Durch Vereinbarung eines Eigentumsvorbehalts erfolgte die Übereignung aber aufschiebend bedingt (vgl. § 449 Abs. 1 BGB) unter der Bedingung der vollständigen Zahlung des Kaufpreises. Hier hatte K den Kaufpreis noch nicht vollständig bezahlt, so dass die Bedingung nicht eingetreten ist. E hat sein Eigentum daher nicht verloren; ist also noch Eigentümer. Fraglich ist, ob K dem Anspruch des E ein Recht zum Besitz iSd § 986 BGB entgegenhalten kann. Das Besitzrecht des K aus dem Kaufvertrag V – K gibt dem K nur ein relatives, d.h. im Verhältnis zu V wirkendes Recht zum Besitz. V ist jedoch nach Eintritt des Sicherungsfalls gegenüber E nicht mehr zum Besitz berechtigt. K kann dem E daher sein aus dem Kaufvertrag folgendes Recht zum Besitz nicht nach § 986 Abs. 1 S. 1 BGB entgegenhalten.[20] Auch scheidet § 986 Abs. 2 BGB aus, weil das Recht zum Besitz des K erst nach der Sicherungsübereignung entstanden

[19] Vgl. *Habersack*, a.a.O. (Fn. 2), Rn. 303.
[20] Vgl. *Medicus/Petersen*, a.a.O., Rn. 465; *Habersack*, a.a.O. (Fn. 2), Rn. 245; *Prütting*, a.a.O., Rn. 515;

ist. K hätte daher nur dann ein auch gegenüber E wirkendes Recht zum Besitz, wenn er ein Anwartschaftsrecht erworben hatte und dieses ihm ein Recht zum Besitz vermittelt.

Folglich müsste K ein Anwartschaftsrecht erworben haben. Wie oben gesehen (C.I.1), kann ein Anwartschaftsrecht auch gutgläubig vom Nichtberechtigten erworben werden. Hier hatte K aber noch vor Bedingungseintritt von der Nichtberechtigung erfahren. Ein Anwartschaftsrecht kann K daher nur dann erworben haben, wenn maßgeblicher Zeitpunkt der Gutgläubigkeit die bedingte Einigung und Übergabe ist. Wäre maßgeblicher Zeitpunkt der Bedingungseintritt, so könnte K das Anwartschaftsrecht nicht gutgläubig erwerben. Nach der allgemeinen Regel muss die Gutgläubigkeit bis zur Vollendung des Erwerbstatbestandes vorliegen.[21] Der Erwerb des Vollrechts ist hier erst bei Eintritt der Bedingung abgeschlossen. Überträgt man dies auf das Anwartschaftsrecht, so ist der Erwerb des Anwartschaftsrechts (!) mit bedingter Einigung und Übergabe vollendet.[22] Zu diesem Zeitpunkt war K noch gutgläubig. Folglich hatte er ein Anwartschaftsrecht erworben.

Dieses müsste K noch ein Recht zum Besitz mit Wirkung gegenüber E vermitteln. Das könnte es nur, wenn es dingliches Recht wäre. Die Rechtsnatur des Anwartschaftsrechts ist umstritten. Die h.M. geht davon aus, dass das Anwartschaftsrecht die Rechtsqualität des Vollrechts teilt. Mithin wäre nach h.M. der Anspruch des E aus § 985 BGB unbegründet.[23] Bereits oben (A.II) wurde Zweifel an der h.M. geäußert. Sachgerechter erscheint zu fragen, ob das Anwartschaftsrecht des K in diesem (konkreten) Fall nach seinem Sinn und Zweck Schutz bedarf.[24] Ausdrücklich ist ein solcher nicht angeordnet.[25] Eine Verdinglichung des Anwartschaftsrechts bedarf es hier aber nicht. Sinn und Zweck des Anwartschaftsrechts ist es, dem Erwerber den Erwerb des Vollrechts zu ermöglichen. Dies kann es aber auch noch, wenn K dem E die Sache vorübergehend herausgeben muss.[26] Mithin hat K kein Recht zum Besitz. Auch § 242 BGB (dolo agit qui petit quod redditurus est) steht dem Anspruch des E hier nicht entgegen.[27] Dies würde voraussetzen, dass E die Vase sofort zurückzugeben hätte. Hier steht aber noch die Hälfte des Kaufpreises aus, so dass eine sofortige Rückgabepflicht (bei Erstarkung des Anwartschaftsrechts zum Vollrecht) nicht in Betracht kommt. E verlangt folglich zu Recht Herausgabe der Vase.

b) Variante: Auch hier hatte K nach den Ausführungen zum Ausgangsfall zunächst gutgläubig ein Anwartschaftsrecht erworben. Durch die Zahlung des vollständigen Kaufpreises ist die Bedingung eingetreten. Folglich erwarb K mit Bedingungseintritt Eigentum an der Vase. Dem Herausgabeverlangen des E steht damit dessen fehlende Eigentümerstellung entgegen.

c) Fazit: Wie der Ausgangsfall und die Variante gezeigt haben, steht dem Erwerb des Vollrechts durch den Vorbehaltskäufers nicht entgegen, dass er nach bedingter Einigung und Übergabe der Sache bösgläubig wurde. Auch wenn dieses Ergebnis in der Frage zum maßgeblichen Zeitpunkt Begründungsaufwand erforderte, so ist es doch aus dem allgemeinen Grundsatz herzuleiten, dass die Gutgläubigkeit bis zum Abschluss des (konkreten) Erwerbstatbestands vorliegen muss.

Ob K die Sache vorläufig herausgeben muss oder nicht, spielt für den hier interessierten Vergleich zum Anwartschaftsrecht des Auflassungsempfängers im Hinblick auf den

---

[21] Vgl. nur *Habersack*, a.a.O., Rn. 160.
[22] Im Ergebnis wenn auch mit anderer Begründung *Habersack*, a.a.O. Rn. 245; *Medicus/Petersen*, a.a.O., Rn. 465.
[23] Vgl. nur *Baur/Stürner*, Sachenrecht, § 59 Rn. 47.
[24] MüKo/*Westermann*, § 449 Rn. 43, der aber zu einem anderen Ergebnis gelangt vgl. § 449 Rn. 47.
[25] § 986 BGB ist ein keiner seiner Alternativen einschlägig.
[26] Ebenso *Medicus/Petersen*, a.a.O., Rn. 465.
[27] Vgl. hierzu *BGHZ* 10, 69, 75.

5

letztendlichen Erwerb des Vollrechts keine Rolle, wurde aber der Vollständigkeit halber aufgenommen.

2. Fall 2: Rechtslage beim Anwartschaftsrecht des Auflassungsempfängers

a) Ausgangsfall: K hat das Eigentum an dem Grundstück erworben, wenn die Voraussetzungen der §§ 873, 925 BGB vorliegen. K hatte sich mit V über den Eigentumsübergang geeinigt und beide hatten die Auflassung erklärt. Auch wurde V in das Grundbuch eingetragen. Allerdings war V Nichtberechtigter. § 873 Abs. 1 BGB setzt jedoch die Berechtigung des Veräußerers voraus. Ist dieser Nichtberechtigter, so kommt allenfalls gutgläubiger Erwerb des Erwerbers in Betracht. Dieser richtet sich nach § 892 Abs. 1 S. 1 BGB. V war im Grundbuch eingetragen, so dass gutgläubiger Erwerb von V aufgrund des abstrakten Gutglaubensschutzes des Grundbuches in Betracht kommt. Bei seiner Eintragung als neuer Eigentümer ins Grundbuch war K allerdings bösgläubig. Diese Bösgläubigkeit schadet dem K dann nicht, wenn nicht zwischenzeitlich ein Widerspruch eingetragen wurde oder K erst nach Stellung des Eintragungsantrages bösgläubig wurde (§ 892 Abs. 1 S. 1, Abs. 2 BGB). Dies ist nicht der Fall. K hat daher gutgläubig Eigentum erworben. In diesem Fall zeigt sich, dass es auf ein (angebliches) Anwartschaftsrecht des K nicht ankommt, sondern K vielmehr unabhängig davon Eigentum erwerben konnte.

b) Variante: Die Variante unterscheidet sich von dem Ausgangsfall dadurch, dass nach Stellung des Eintragungsantrages ein Widerspruch gegen das Eigentum des V eingetragen wurde. Nach allgemeiner Auffassung kann K daher nicht mehr gutgläubig Eigentum am Grundstück erwerben, weil der maßgebliche Zeitpunkt der Gutgläubigkeit in § 892 Abs. 2 BGB nur hinsichtlich der Kenntnis vorverlagert wird.[28] Fraglich ist jedoch, wie sich dieses Ergebnis mit der Anerkennung eines Anwartschaftsrechts des Auflassungsempfängers verdrängt.

Nach oben dargestelltem Grundsatz muss die Gutgläubigkeit bis zum Abschluss des Erwerbstatbestandes vorliegen. Hiervon macht § 892 Abs. 2 BGB eine Ausnahme. Diese gilt allerdings im hier betrachteten Kontext nur für den Erwerb des Vollrechts, da nur hierfür die Eintragung des Erwerbers im Grundbuch erforderlich ist. Nach der h.M. hat der Auflassungsempfänger aber bereits mit der Stellung des Eintragungsantrags ein Anwartschaftsrecht erworben, das ähnlich wie das Vollrecht geschützt werden soll.[29] Stellt man nun wie beim Anwartschaftsrecht des Vorbehaltsverkäufers lediglich auf den Erwerb des Anwartschaftsrechts ab, so war zu diesem Zeitpunkt noch kein Widerspruch eingetragen. K war also noch gutgläubig. Folglich müsste er gutgläubig ein Anwartschaftsrecht erworben haben. Aufgrund dieses Anwartschaftsrechts könnte K noch Eigentum erwerben, wenn die Erstarkung des Vollrechts auf den Zeitpunkt des Erwerbs des Anwartschaftsrechts zurückwirkt. Voraussetzung dazu ist aber zunächst, dass das Anwartschaftsrecht noch zum Vollrecht erstarken kann. Hierfür müsste K ins Grundbuch eingetragen werden können. Der Widerspruch hat keine Grundbuchsperre zur Folge. Vielmehr können weitere Eintragungen erfolgen.[30] K kann also noch Eingetragen werden. Eine Erstarkung erscheint also möglich. Allerdings sind Verfügungen über das Grundeigentum, die nach dem Widerspruch im Grundbuch eingetragen werden, unwirksam, wenn sich die Richtigkeit des Widerspruchs bestätigt.[31] Folglich ist auf die oben bereits aufgeworfene Frage zurückzukommen, ob die Erstarkung zum Vollrecht auf den Zeitpunkt des Erwerbs der Anwartschaft zurückwirkt. In

---

[28] *Habersack*, a.a.O. (Fn. 2), Rn. 322.
[29] Siehe oben B.II.
[30] *Prütting*, a.a.O. Rn. 249.
[31] *Prütting*, a.a.O. Rn. 249.

diesem Fall hätte K das Vollrecht vor (!) der Eintragung des Widerspruchs erworben, so dass sich der Widerspruch nachträglich als unberechtigt darstellen wurde. Dass dies nicht gewollt sein kann, zeigt gerade die Regelung des § 892 Abs. 2 BGB und die Möglichkeit, einen Widerspruch eintragen zu lassen. Zwar gewährleistet das Grundbuch als öffentliches Register einen abstrakten Vertrauensschutz,[32] doch kann dieser aufgrund der hohen Bedeutung des Grundeigentums nicht unbeschränkt bestehen. Daher gibt das Gesetz dem wahren Eigentümer durch die Möglichkeit, einen Widerspruch eintragen zu lassen, ein wirksames Mittel den Eigentumsverlust zu verhindern. Damit die Effektivität dieses Schutzes nicht eingeschränkt wird, bleibt es hinsichtlich des Widerspruchs bei der allgemeinen Regel, dass der gute Glaube noch bei Vollendung des Erwerbstatbestandes bestehen muss, indem auf eine Vorverlagerung im Sinne des § 892 Abs. 2 BGB verzichtet wird.[33]

Auch ein Vergleich zum Anwartschaftsrecht des Vorbehaltsverkäufers zeigt, dass eine Vorverlagerung nicht in Betracht kommt. Dort ist das dingliche Rechtsgeschäft zwar mit Vornahme der bedingten Übereignung wirksam, zeitigt aber aufgrund der aufschiebenden Bedingung erst bei Bedingungseintritt Rechtswirkungen (§ 158 Abs. 1 BGB).[34] Wollte man dem Auflassungsempfänger ein Anwartschaftsrecht zubilligen, so würde es auch erst unter der „Bedingung" Eintragung ins Grundbuch Rechtswirkungen zeitigen. Eine Rückwirkung auf den Zeitpunkt des Erwerbs des Anwartschaftsrechts scheidet daher aus. K konnte daher in der Variante kein Eigentum am Grundstück erwerben. Vielmehr hat er sich seinen schuldrechtlichen Sekundäransprüchen gegen V zu bedienen.

Dies zeigt, dass das Anwartschaftsrecht keine der Vormerkung vergleichbare Wirkung hat. Das BGB will den Schutz des Grundstückerwerbers vielmehr durch die Vormerkung als solche bewerkstelligen.[35]

c) Fazit: In der Variante des Falles 2 zeigt sich, welche Rechtsfragen die Anerkennung eines Anwartschaftsrechts des Auflassungsempfängers aufwerfen kann. Dass die h.M. auch in der Variante dasselbe Ergebnis wie im Ausgangsfall erzielt, ohne auf ein eventuelles Anwartschaftsrecht einzugehen, zeigt, dass auch die h.M. nicht konsequent am Anwartschaftsrecht des Auflassungsempfängers festhält. Im Vergleich zum Anwartschaftsrecht des Vorbehaltskäufers zeigt sich auch, dass dessen Anwartschaftsrecht eine gesetzliche Grundlage in den §§ 449, 158 ff. BGB erfahren hat. Diese Grundlage ermöglicht es widerspruchslose Ergebnisse zu erzielen. Eine solche Grundlage fehlt aber gerade dem Anwartschaftsrecht des Auflassungsempfängers. Letztlich ist dies auch einer der Gründe, weshalb die Voraussetzungen eines solchen Anwartschaftsrechts umstritten sind. Vorzugswürdig erscheint es daher, auf die Annahme eines solchen Anwartschaftsrechts zu verzichten und sich zur Sicherung des Grundstückerwerbers den Rechtsinstituten des BGB, namentlich der Vormerkung, zu bedienen.

---

[32] *Habersack*, a.a.O. (Fn. 2), Rn. 322
[33] Vgl. *Prütting*, a.a.O. Rn. 235.; *Habersack*, a.a.O. (Fn. 2), Rn. 322: „Zufallsgeschenk".
[34] Vgl. *Habersack*, a.a.O. (Fn. 2), Rn. 245.
[35] Vgl. *Habersack*, a.a.O. (Fn. 2), Rn. 301 ff.; JuS 2000, 1145; *Medicus/Petersen*, a.a.O., Rn. 469.

D. Fazit

Im dargestellten Vergleich zeigt sich, dass hinsichtlich des gutgläubigen Erwerbs eines Grundstücks die Annahme eines Anwartschaftsrechts die an sich klare Regelung des § 892 BGB unnötig kompliziert machen kann. Auch zeigt sich, dass dem Anwartschaftsrecht des Auflassungsempfängers, anders als dem des Vorbehaltskäufers, gesetzliche Konturen fehlen. Das eingangs erwähnte Zitat trifft daher zu. Dies gilt umso mehr, wenn man wie *Habersack* zutreffend zur Ansicht gelangt, dass die Annahme eines Anwartschaftsrechts des Auflassungsempfängers nicht erforderlich sei.[36]

---

[36] *Habersack*, JuS 2000, 1145.